DES AVANTAGES

DE L'HÉRÉDITÉ

ÉTUDE POLITIQUE

Extrait du journal l'*Auvergne*, n^{os} des 6, 7
et 8 janvier 1870.

I

« Les grands événements ne dépendent que des
« causes morales. Ce sont elles qui les produisent,
« les forcent même de s'accomplir en dépit des
« causes matérielles. L'esprit gouverne et la ma-
« tière est gouvernée. Quiconque observe le
« monde et le voit tel qu'il est, n'y peut découvrir
« autre chose (1). »

Aussi, c'est pour cela que la véritable force des
institutions fondamentales des sociétés réside dans
le droit et la moralité des actions qui les constituent. Les établissements que les circonstances
amènent, au détriment de ceux qui ont le droit et
la morale pour eux, peuvent, par la force des
choses et par le besoin de l'ordre, première néces-
sité de la vie sociale, apparaître aux yeux du vul-

---

(1) M. Thiers, *Histoire du Consulat et de l'Empire.* —
Waterloo, — 20e vol. pages 297 et 298.

gaire, solides et raffermis pour longtemps et à toujours; mais tout établissement de ce genre porte en lui-même un germe de destruction, et il est à craindre, à moins que momentanément la Providence n'y veille dans ses secrets desseins, que graduellement l'édifice faiblisse et enfin s'affaisse, faute de droiture dans l'élément premier qui en forme la base.

Cette première violation du droit détruit nécessairement l'harmonie des règles morales entre elles et ouvre la porte, dans la suite, à des inconséquences nombreuses qui deviennent, dans le maniement des affaires publiques, des embarras sérieux. Ainsi, les principes, de quelque nature qu'ils soient, sont identiques dans leurs résultats, et si en temps de révolution, par exemple, les gouvernements ne semblent que provisoires et n'ont souvent qu'une courte durée, cela tient à l'esprit même du principe qui les fonde et qui par essence n'aime rien de stable. Aussi l'esprit révolutionnaire, s'il domine longtemps chaque peuple, compromet non-seulement la sécurité de l'Etat, la prospérité et la richesse publiques, mais, de plus, il détruit toute croyance dans un pouvoir quelconque, et, pour la nation placée dans cette voie, le pouvoir du lendemain est accepté et suivi comme celui de la veille.

Cependant un tel état social finit nécessairement par lasser la dignité d'un pays, et il arrive un moment où le pays, mieux éclairé sur ses vrais intérêts, qu'il peut méconnaître plus ou moins longtemps, confie définitivement ses destinées à des principes stables. C'est un progrès moral, digne d'un peuple intelligent et pour lequel l'expérience n'est jamais perdue. Les choses expérimentées ne restent stériles et impuissantes que pour les esprits ambitieux, toujours avides de changements, et elles ne s'accomplissent également en pure perte que pour les esprits irréfléchis, superficiels ou imbus de présomptueuses et fausses théories.

C'est à cette dernière conséquence, à laquelle aboutit le contrat social de Jean-Jacques Rousseau, qui refuse le caractère et la valeur d'un contrat à l'acte intervenu entre peuples et souverains. Cet acte solennel, selon Rousseau et selon ceux qui le répètent après lui, n'a d'autre valeur que celle qu'on attache à un emploi, à une commission, à un mandat : c'est un pouvoir simplement placé en dépôt, et que le peuple peut reprendre quand il lui plaît.

La question posée en ces termes n'est pas sérieuse pour tout homme sensé et qui n'agit pas par une déférence démocratique mal comprise ou par un secret désir de popularité ; car interpréter de cette manière un pareil acte, c'est admettre un principe d'insurrection en permanence et une cause continue de dissolution de la société, par la simple raison que rien n'est certain de ce qui dépend de la volonté mobile des hommes ou de la volonté non moins collectivement mobile d'un peuple ; volonté d'ailleurs, dans ce dernier cas, difficile à préciser, à connaître clairement, et que l'expérience des révolutions de tous les temps autorise à considérer justement comme l'écho habituel d'une majorité silencieuse et soumise aux manœuvres d'une minorité audacieuse, envieuse et despotique. Aussi le pouvoir assis un jour peut être renversé, avec le même droit le lendemain, par la même volonté autrement dirigée.

C'est là la mise en œuvre des théories du contrat social qui ont conduit certains partis politiques à cette singulière prétention, de vouloir que rien ne lie la souveraineté nationale (1). C'est un privilége de puissance que, de nos jours, les grandes cités semblent vouloir s'attribuer, et principalement Pa-

---

(1) La prétention mal fondée qu'en principe la souveraineté du peuple ne s'engage pas, ne se lie pas, a soulevé dans la polémique politique deux questions : celle du serment politique et celle de la signification attachée au mot *sujet*. Ces deux questions, entourées de beaucoup de subtilités par les partis, sont cependant très-claires, sous le régime politique qui régit la France, quelqu'en soit la source.

Bossuet, dans un des passages de son *Histoire naturelle*, (empire Romain, 3ᵉ partie, chap. vɪ), en indique parfaitement le vrai sens :

« Sous le nom de liberté, dit-il, les Romains se figuraient avec les Grecs un état où personne ne fut sujet que de la loi, où la loi fut plus puissante que les hommes. »

Le gouvernement représentatif parlementaire, où la loi commande, réalise la pensée des Grecs et des Romains et dès lors, sous quelque forme que se présente le sermen politique, toute conscience éclairée et libre ne peut avoir de scrupule à le prêter ; elle sait à quoi elle s'engage et en connaît les bornes.

Ces questions ne sont, d'ailleurs, que secondaires parmi beaucoup d'autres. Je n'en citerai qu'une seule comme

ris, le siége de la centralisation la plus absolue, sous tous les gouvernements qui se sont succédé depuis 89. C'est ainsi que Paris est devenu l'arbitre télégraphié du pays, et actuellement le point de mire de l'esprit révolutionnaire.

La maxime d'omnipotence gouvernementale, quel que soit le parti qui en profite, a été de tout temps la même. On la retrouve aux époques les moins civilisées de notre histoire. Elle fut surtout admise dans les premiers temps du moyen âge, où la force faisait le droit du chef féodal qui commandait. L'omnipotence souveraine, quelle qu'en soit la nature, n'est pas de notre temps : la force n'est plus un droit, et d'autres principes doivent régir la société actuelle.

C'est pourquoi, tout gouvernement, à notre époque de civilisation et de lumières, doit reposer sur une constitution ou un contrat qui en règle les conditions morales et d'où découle nécessairement,

---

l'œuvre politique de sa nature la plus importante sous le régime du vote universel.

La direction de cet élément politique le plus considérable, le plus nouveau de notre temps et de laquelle, dans l'intérêt de l'ordre et de la stabilité, on espère beaucoup, consiste à populariser l'instruction. C'est, par là, fournir à tous le moyen de bien ou de mal s'inspirer, selon l'usage que chacun fera de son savoir, en l'appliquant à de bonnes ou à de perverses lectures.

Ainsi, sans répudier l'expérience qui se prépare à ce sujet, ce n'est pas cependant une chose sans fondement que de craindre que le choix des bonnes et saines lectures, si elles ne sont pas encouragées, bien dirigées, fassent défaut à une instruction à laquelle le temps manquera pour élever par l'étude les sentiments et l'esprit.

comme dans tout contrat sinallagmatique, un lien de droit et de justice entre la nation et le chef de son gouvernement. Les dissidences qui peuvent naître à la suite de ce contrat ne restent pas dépourvues d'un juge capable à les résoudre. Un moyen simple, sage et sûr, se présente naturellement, et ce moyen, c'est l'appel aux voies légales qui, en définitive, donnent gain de cause à l'opinion qui résiste, si de son côté se trouvent le bon droit et la vérité.

Cette théorie de sagesse et de bon sens n'est pas nouvelle. Les anciens Parlements en usaient envers les rois de France, par leurs remontrances et leurs refus d'enregistrer les édits royaux qu'ils jugeaient contraires aux droits de la nation. Cette résistance des grands corps de l'Etat n'a pas été, pendant un grand nombre de règnes, une vaine formule. Les rois, à dater de Philippe-le-Bel, cédaient volontiers aux justes remontrances qui leur étaient faites par les Parlements, et le bon accord rétabli, l'ordre reprenait son cours ordinaire, et cela n'altérait en rien les bons rapports des pouvoirs entre eux. Mais plus tard, la compression morale qui résulta de l'usage des lits de justice présidés par le souverain, fit perdre ces bonnes et conciliantes traditions.

II

Le contrat social de Jean-Jacques Rousseau, comme preuve qu'il ne peut intervenir entre un peuple et un souverain, qu'un acte de délégation de pouvoir ne craint pas d'avancer, qu'un acte autrement interprété, dans l'espèce, serait illicite moralement et contraire à la dignité de l'homme ou à la nature du corps social qui ne peut devenir la propriété de personne, ce raisonnement paradoxal ne sert qu'à déplacer la question et à la porter adroitement sur un terrain qui provoque mal à propos les susceptibilités de l'amour-propre en s'adressant à l'orgueil des hommes.

Il est plus vrai et plus juste au contraire de dire, que le contrat qui règle les destinées d'un peuple, sans aliéner bien entendu ses libertés naturelles, ce qui ne se conçoit pas, mais en les soumettant simplement à l'autorité de maximes et de préceptes conservateurs, est l'acte le plus licite qu'il soit possible de faire, le plus haut placé moralement, malgré les priviléges nombreux et importants qu'il confère toujours à la personne du souverain, et cela en considération de l'action gouvernementale qui en est le principal objet ; c'est, en un mot, un traité que nécessite un besoin social de premier ordre. Cette raison majeure d'intérêt public prouve à elle seule que rien n'est plus moral, plus légal, plus licite que l'engagement qui lie la nation envers le chef qui est à sa tête, comme ce dernier, par la

même raison, est lié envers elle et lui doit tous ses soins loyaux et patriotiques.

Ce contrat, la clef de voûte de l'Etat, supérieur à tous les autres contrats par son but d'utilité sociale doit, par conséquent, à plus forte raison, être soumis aux règles fondamentales du droit et de la justice. C'est une vérité qui ressort d'elle-même, et il s'ensuit que la première règle de droit à observer, est celle qui régit les parties contractantes dans leurs intérêts respectifs; or, cette règle élémentaire, en cette matière, veut sans restrictions que les conventions arrêtées soient obligatoires, non-seulement pour ceux qui ont stipulé en leur nom, mais encore elle impose les mêmes obligations à leurs successeurs qui sont soumis naturellement comme leurs auteurs aux mêmes devoirs. L'exécution fidèle de ces principes imprime à la société, dans tous ses rangs, une marche calme, suivie, continue, régulière, et, en consolidant le bon ordre, elle facilite les sages mesures et prépare prudemment les améliorations et les progrès que le temps réclame.

Ainsi, d'après les principes d'ordre successif, principes qui forment la base première de toute société, la nation qui est gouvernée régulièrement par une souveraineté légitime, ou qui stipule librement, lorsqu'elle est dans la plénitude de son droit, des règles constitutionnelles avec le chef d'une monarchie constituée héréditaire, cette nation contracte non-seulement pour la génération présente, mais en principe, et la logique conduit forcément à cette conséquence et à ce retour aux idées stables, saines et justes, elle lie de plus envers le régime gouvernemental stipulé ou traditionnellement accepté, les générations à venir qui lui succèdent naturellement et sans interruption. C'est une règle continue d'ordre et de justice naturelle applicable à tous les degrés de la hiérarchie sociale, et, par conséquent, le droit attaché dans une monarchie héréditaire à la souveraineté, est un droit d'ordre, vrai, indépendant, moral et réel qui repose sur la tête du souverain et qui arrive dans sa dynastie avec les mêmes conditions de force et de droit sur la tête de celui qui, après le souverain régnant, peut en invoquer la transmission directe, légitime et légale. Mais, par une raison de justice, si les représentants légaux de la souveraineté régnante disparaissent et s'éteignent, et que la vacance du trône s'en suive, la nation naturellement rentre dans le droit de souveraineté constituante qui réside en elle et peut de nouveau disposer de ses destinées à sa volonté. C'est un droit qui a été incontestable dans tous les temps, et l'ancienne société française elle-même en admettait parfaitement le principe.

Ces règles sont d'une rigoureuse et sage application, quelle que soit, d'ailleurs, l'étendue du pouvoir confié au chef de l'Etat, soit dans une république dont le pouvoir est à courte échéance, soit dans une monarchie héréditaire dont le pouvoir est plus long, puisque le pouvoir arrive par droit de succession au représentant direct de la famille régnante. L'on comprend que si un acte constitutif de puissance gouvernementale de peuple à souverain était vicié dans son essence, et il le serait par cela seul que cet acte disposerait d'un droit qu'il n'est pas, d'après l'auteur du *Contrat social*, au pouvoir des hommes d'aliéner. Ce défaut permanent vicierait tout aussi bien le régime républicain que le régime monarchique, ou tout autre invention de gouvernement, puisque, dans un cas comme dans l'autre, la constitution de l'Etat, toujours écrite et promulguée, selon l'usage suivi chez tous les peuples civilisés, formule des règles qu'elle prescrit de suivre et qu'elle ne peut pas davantage abandonner, même un instant, à la volonté collective de la nation, personne morale, pas plus qu'à celle du chef de l'Etat. Car un changement de volonté que rien ne lie, volonté dès lors qui ne se discute pas, pourrait, d'un côté ou de l'autre, s'écarter du bon droit et n'avoir, en réalité, pour raison d'un brusque changement, que les inspirations d'une mobilité capricieuse dont le courant irréfléchi peut pousser au mal l'esprit d'une nation comme l'esprit des individus. Les nations mêmes ne possèdent pas le privilége d'une sagesse infaillible; bien loin de là, elles renferment au contraire, par le nombre qui les compose, toutes les imperfections humaines. Aussi, ce n'est pas en cela que diffèrent entre eux le régime républicain et le régime monarchique, dont le chef, par exemple, serait électif; il y a, au contraire, sur ce point, parité de ressemblance, et la sagesse d'une nation ne se trouve ni dans l'un ni dans l'autre de ces deux régimes, si la mobilité qui les dirige compromet les besoins du pays et froisse ses mœurs formées par le temps et par l'esprit national.

III

Mais ce danger disparaît sous le régime monarchique héréditaire. Rien de mieux, en effet, pour assurer la stabilité des choses que de placer à la tête d'un gouvernement l'image de la famille qui se continue entre ses membres, par la transmission régulière des intérêts qui la constituent moralement et matériellement. La grandeur et le mérite de cette règle, appliquée au gouvernement des nations, se trouvent, par conséquent, dans le modèle tout simple que fournit la famille en se perpétuant par droit d'hérédité. Cette assimilation de règles de conduite qui intéressent l'une et l'autre la sécurité et le bien-être social, peut paraître, à certains esprits, trop facile et peut-être trop ingénue pour être vraie. Cependant, malgré tous les essais révolutionnaires tentés jusqu'ici et les événements politiques survenus à différentes fois en France, il ne me paraît pas téméraire de penser que le progrès le plus sûr et le plus sensé en politique qu'il y a lieu d'attendre de l'avenir et du bon sens de la nation, est celui qui raffermira, comme en Angleterre, l'esprit public dans la pensée salutaire d'attacher invariablement à la personne du souverain un droit transmissible au trône. Il est incontestable que cette première notion de la justice naturelle, qui est à la portée de toutes les intelligences, n'étant que la représentation de l'ordre successif qui régit le monde, convient au sommet de notre société tout autant qu'à sa base; c'est, si l'on veut, une règle de droit divin dénaturée par les partis, mais qui n'a rien que de très-simple et de très-naturel, puisque tout remonte à ce principe éternel.

C'est encore par pure subtilité que, théoriquement, l'on lit dans certains ouvrages des légistes, que les règles de droit ne doivent pas être les mêmes, lorsqu'il s'agit de les appliquer, selon le droit civil ou selon le droit politique. Une pareille théorie peut avoir sa place dans de hautes et savantes doctrines, mais elle n'est pas moins de nature à mettre la confusion dans les idées; elle peut égarer l'esprit en faisant envisager le droit, la morale et la justice à deux points de vue différents. Cette doctrine à double entente expose nécessairement la société à des tentatives révolutionnaires plus hardiment entreprises.

Sans doute, il est dans l'ordre intellectuel et social que les lois soient divisées en lois politiques et en lois civiles. Les premières ont une portée générale que n'ont pas les secondes. Les lois politiques fondent un état, établissent les règles gouvernementales qui lui conviennent et forment la base des libertés publiques. De leur côté, les lois civiles protégent plus spécialement l'état des personnes, les intérêts, la propriété des individus; mais, au fond, l'ensemble de ces lois ne forme qu'un même faisceau, et les lois politiques et civiles sont d'un égal intérêt pour le bon ordre et la marche régulière de la société; par conséquent les mêmes raisons doivent servir à les défendre, et, dans un cas comme dans l'autre, les bases du droit n'en sont que meilleures lorsqu'elles reposent, dans un intérêt public, sur les mêmes errements de justice et de décision.

C'est pour cela, que mettant de côté toute préoccupation jalouse de suprématie sociale, toute idée préconçue de parti, mais dont malheureusement se défendent rarement les hommes mêmes les plus éclairés, il faut convenir que rien de fondé et de sérieux n'autorise à placer le droit héréditaire que possède un souverain au trône en dehors des règles conservatrices et justes du droit commun; et il est tout aussi naturel, dans l'intérêt social, de voir naître un enfant roi que de le voir naître propriétaire.

C'est, au contraire, lorsqu'il y a lieu de conserver pour soi, et de transmettre aux siens l'enseignement qui profite le mieux à la prospérité du pays, c'est la marche la plus naturelle de la justice, le signe le plus certain de la stabilité sociale, et le fait des successions qui s'opèrent journellement avec ordre, dans tous les rangs de la société, fournit l'image la plus véridique de l'intérêt social qu'il y a de placer, au sommet de l'Etat, ce principe conservateur, élément d'émulation pour bien faire, facile à comprendre, à la portée de toutes les intelligences et premier anneau de la chaîne qui lie entre elles, avec sécurité et sans secousses périodiques, les différentes parties de l'ordre social.

Nécessairement, dans nos codes, les lois conservent le même caractère et la même division morale que leur donnent les juristes : elles se divisent comme je viens de le faire observer, en lois civiles et en lois politiques et, à notre époque, plus qu'à toute autre, les lois poliques, spécialement, sont l'objet de prédilections, d'attaques ou d'interprétations diverses, suivant la marche du temps et des circonstances qui se produisent successivement. Ce travail de l'esprit public est la conséquence naturelle des gouvernements représentatifs qui restent comme la conquête la plus précieuse, la mieux fondée, la plus féconde des temps modernes.

Naturellement, dans un gouvernement de ce genre, les hommes politiques s'efforcent à faire prévaloir leurs appréciations particulières sur les affaires publiques, dont chacun a le droit de s'occuper. C'est un champ de bataille moins meurtrier que celui de la guerre, champ de discussions accessible à toutes les intelligences, à tous les bons esprits qui ont besoin de se mouvoir, et ce régime politique répond, par cela même, aux exigences justes d'une nation éclairée, jalouse des immunités qu'elle pense lui être dues et qu'elle veut tenir pour plus de sécurité, des institutions et non des hommes mobiles dans leurs actions et enclins souvent à l'arbitraire, suite de leurs imperfections.

Les retentissements qui résultent pour le pays de l'arène parlementaire, en vue de l'action gouvernementale, ne sont pas sans inconvénients, mais ces inconvénients, qui sont inhérents au régime représentatif, à sa nature, au contrôle qu'il comporte, ont cependant l'avantage de satisfaire, en temps opportun, et sans danger pour l'ordre social, tous les progrès et même toutes les ambitions légitimes des hommes de savoir et de talents qui aspirent à la direction des affaires de l'Etat. Cependant ces avantages ne sont assurés que si le fait de l'édifice gouvernemental reste inébranlable, et cette condition se réalise si le maintien de l'autorité souveraine s'élève dans l'esprit de la nation assez haut pour devenir la règle immuable, le dogme de sa foi politique.

C'est cet état de chose, ce sacrifice d'amour-propre national et individuel, à chaque parti, dans l'intérêt de tous, qui répond le mieux aux vrais intérêts, aux traditions historiques les plus belles et les plus précieuses d'une nation grande, glorieuse et fortunée comme la France.

C'est un progrès accompli chez une nation voisine et un exemple que nous donne maintenant l'Angleterre dans la plénitude de son gouvernement représentatif et parlementaire, dont la base solide repose sur le respect profond du pays pour les droits souverains qui règlent et maintiennent invariablement l'autorité du trône; progrès intelligent et élevé que l'esprit français, créé pour les grandes choses, s'appropriera de nouveau, malgré l'inconstance, la mobilité et l'ambition qu'on lui reproche : il est indubitable que l'accord unanime de toutes les classes honnêtes de la nation, après de vains et nombreux essais politiques, et l'exhibition des mauvaises passions, associera au caractère national ce principe fondamental de toute monarchie solidement établie, et que huit siècles dans le passé de la France, à dater du règne de Robert, fils de Hugues Capet, ont su respecter et conserver.

C'est le seul moyen, à l'aide d'une décentralisation administrative sagement pondérée, de détourner le pays de la voie révolutionnaire, dans laquelle il est engagé depuis si longtemps, et d'obtenir la certitude d'arriver sans danger à l'usage d'une complète liberté politique.

JULES BENOID.

Gannat. Imp. D. Daubourg.